Drago Drache
übt so lange, bis er Meister im Feuer speien ist.

Cedric Maus
ist der Mäusedetektiv, der die kniffligsten Fälle löst.

Hubsi Maulwurf
ist ein überaus talentierter Baumeister, der sogar Schatzkarten lesen kann.

Ida Igel
ist immer dazu bereit, ihre Freunde zu verteidigen.

Brigid
ist die Frühlingsfee, die alle Blumen und Bäume aufweckt.

Ben Biber
ist mächtig stark und Spezialist für Wasserburgen und Holzbrücken.

Rudi Hirsch
trägt seine Freunde auf seinem Rücken überall hin.

Impressum

ISBN 978-3-903163-15-7

1. Auflage, November 2020

Layout/Satz: © printverlag.at

Illustration: Monika Stanke
Lektorat: Mag.[a] Dr.[in] phil. Helga Müllneritsch

Produktion: Prime Rate

Renate Kauderer
Mag. phil. Renate Kauderer, studierte Germanistik und Anglistik in Graz, wo sie heute auch lebt und als Autorin und Leiterin eines Seminarzentrums tätig ist.
Sie verfasste zahlreiche Bücher für Erwachsene. In ihren Geschichten für die Kleinen führt sie die Kinder in die Natur und zeigt ihnen, dass Freundschaft und Miteinander viele knifflige Situationen lösen können.

Räuchern für die Seele

RK Kräuter College Kauderer KG | Rauchzeichen Kauderer KG
Schanzelgasse 15 | 8010 Graz
Tel.: +43 664 52 49 700 | E-Mail: office(at)rauch-zeichen.at

Rauchzeichen Kauderer KG

Durch das Jahr mit Ella Maus

Spannende Frühlings- und Sommergeschichten

Renate Kauderer

Durch das Jahr mit Ella Maus

Spannende Frühlings- und Sommergeschichten

Band 2

mit Bildern von Monika Stanke

printverlag

Inhaltsverzeichnis

Die Frühlingsfee

Der Feengarten lag still und friedlich unter einer dicken Schneedecke und träumte dem Frühling entgegen. Ella hatte die Botschaft der Nebelfrauen, dass die Frühlingsfee sich verirrt hatte, zu Huldra gebracht. Nun versammelte die Winterfee an diesem Morgen alle Bewohner des Feengartens um sich. Sie hatte einen Plan geschmiedet, wie sie alle zusammen die Frühlingsfee retten konnten. Selbst die Sonne wollte helfen. An diesem Wintermorgen schien sie besonders hell und zauberte funkelnde Lichter auf die Schneedecke.
„Wir müssen alle zusammenhelfen, damit die Frühlingsfee den Weg zu uns findet. Selbst die Kleinsten unter euch vermögen Großes zu vollbringen und sind für unseren Plan wichtig“, erklärte Huldra.
„Ella und Milli, ihr müsst den Weg zu Ben Biber zurückgehen. Ben wird euch helfen, über den zugefrorenen Bach zu laufen.“ „Was sollen wir dort machen?“, fragte Ella gespannt. „Ihr wandert weiter bis zur alten Buche“, fuhr Huldra fort. „Im Schatten deiner Freundin, der Buche, wachsen Schneeglöckchen. Ruft die Blumen und macht ihnen Mut, ihre Köpfchen aus dem Schnee in die kalte Luft zu strecken. Wenn ihre kleinen Blütenglöckchen läuten, wird die Frühlingsfee den Weg finden.“
„Hugo und Toni“, sprach Huldra weiter, „ihr macht euch auf den Weg zum Bachufer. Sobald die Schneeglöckchen läuten, sucht ihr eine kleine gelbe Blume,

die aussieht wie ein Schlüssel. Ben Biber wird euch helfen. Wenn ihr die kleine Schlüsselblume gefunden habt, bringt ihr sie zu mir.“

So schnell sie nur konnten, schwirrten Hugo Amsel und Toni Spatz davon und machten sich auf den Weg zu Ben Biber.

Ella und Milli brachen ebenfalls auf. Energisch stapften sie durch den Schnee, fest entschlossen, der Frühlingsfee zu helfen. Die Winterriesen hatten Huldras Plan heimlich mit angehört. Zornig pusteten sie Ella und Milli eisigen Wind um die Nase und bald zitterten die beiden Mäusemädchen vor Kälte. „Ich glaube, ich kann nicht mehr weiter“, stöhnte Milli. „Mir ist so furchtbar kalt und der Weg ist noch so schrecklich weit.“ Das schaurige Lachen der Winterriesen dröhnte in der Luft. „Ihr werdet die Frühlingsfee niemals retten“, heulten sie. „Kleine Mäuse schaffen das nicht.“ „Wir sind zwar klein“, rief Ella, „aber auch mutig. Wir retten die Frühlingsfee. Komm Milli, wir müssen weiter.“ „Sieh doch, wer da kommt“, staunte Milli. Hubsi, der Maulwurf, sauste auf Ellas Schlitten daher. Prustend und außer Atem blieb er vor den beiden Mäusemädchen stehen. „Springt auf den Schlitten. Ich ziehe euch ein Stück. Ich habe mir schon gedacht, dass die Winterriesen versuchen werden, euch aufzuhalten.“ Dankbar hopsten Ella und Milli auf den Schlitten und kuschelten sich aneinander. „Hubsi, du bist großartig. Ohne dich hätten wir das nicht geschafft. Wie schön, wenn man Freunde hat.“

Endlich kamen die drei am Bach an. Ben wartete schon und zeigte ihnen die Stelle, an der das Eis besonders dick war. Sie gelangten sicher an das andere Ufer und wanderten unbeirrt weiter durch die Schneelandschaft. Endlich kamen sie bei Ellas Freundin, der alten Buche, an. „Ich habe schon auf euch gewartet“, knarrte die Buche. „Lasst uns die Schneeglöckchen wecken.“ Ella war erstaunt. „Woher hast du gewusst, dass wir kommen?“

„Die Bäume haben es mir erzählt“, ächzte die Buche. „Die Linde und der Apfelbaum im Feengarten haben es den Tannen zugeflüstert. Die Tannen haben Huldras Plan den Weiden am Bach zugeraunt. Die Weiden haben es der Eiche am Waldrand erzählt. Von der Eiche habe ich die Geschichte erfahren.“ Ella und Milli staunten nicht schlecht. „Das ist ja ein richtiges Baumtelefon.“ „Ja, das habt ihr nicht gewusst, nicht wahr?“, lachte die Buche. „Wir Bäume haben uns immer viel zu erzählen.“

Von all dem Lärm und Geplauder waren die Schneeglöckchen erwacht. Neugierig streckten sie ihre zarten Blütenköpfchen aus dem Schnee. „Was ist los?“, flüsterten sie verschlafen. „Ist es schon Frühling?“ Rasch erzählte Ella von Huldras Plan. „Ihr müsst uns helfen, damit die Frühlingsfee den Weg durch den tiefen Schnee findet und es endlich Frühling werden kann.“ „Selbstverständlich helfen wir“, plusterte sich das größte Blümchen auf. „Alle Schneeglöckchen aufstellen, die Köpfchen in die Höhe und kräftig läuten“, rief das große Schneeglöckchen energisch. „Ihr da hinten, in der letzten Reihe, keine falschen Töne“, befahl die Blume streng. „Das letzte Konzert war miserabel.“ Im Nu läuteten die Blümchen ihr Lied. Sie läuteten und läuteten und läuteten. Glockenrein und hell war ihr Lied und kein einziger falscher Ton war dabei. Ella und Milli klatschten entzückt im Takt. So etwas Zauberhaftes hatten sie noch nie gehört. Die alte Buche knarrte ihnen zu: „Das macht ihr alle wunderbar.

Nur nicht aufhören. Die Frühlingsfee wird die Glöckchen bestimmt hören." Tatsächlich, es dauerte nicht lange, da stapfte ein mächtiger Hirsch durch den tiefen Schnee auf die alte Buche zu. Auf seinem Rücken saß die bezauberndste Fee, die man sich nur vorstellen konnte. Sie trug ein Kleid aus feenzarten weißen Schleiern. Auf dem Kopf saß ein Blütenkranz aus Veilchen und Buschwindröschen. Fröhlich klatschte sie in die Hände. „Da seid ihr ja. Ich habe schon auf euch gewartet. Die Glöckchen haben mir den Weg gezeigt. Was für ein wundervolles Konzert ihr da geklingelt habt. Danke, liebe Freunde. Jetzt lasst uns rasch zum Feengarten eilen, damit der Frühling kommen kann." „Ist es noch weit?", gähnte der Hirsch. Aufgeregt hüpften Ella und Milli auf und ab. „Wenn wir auf deinen Rücken dürfen, sind wir bald da." „Kommt herauf", lächelte die Frühlingsfee und hob die kleinen Mäuse auf den Rücken des Hirsches. Hubsi winkte ihnen zum Abschied. „Im Leben klettere ich nicht auf diesen hohen Hirsch", brummte er vor sich hin. „Ella und Milli wissen nicht, wie fürchterlich das schaukelt."
Mit großen Schritten stapfte der Hirsch durch den Wald. Ella und Milli klammerten sich an den Schleier der Frühlingsfee und schauten ängstlich nach unten. Wie weit doch der Boden weg war. Liebevoll strich ihnen die Frühlingsfee über die zerzausten Köpfchen. „Keine Angst, meine mutigen Mäuschen. Ich lasse nicht zu, dass ihr hinunterpurzelt." Bald waren sie am Bach angelangt, wo Hugo und Toni bereits warteten. Mit Ben Bibers Hilfe hatten sie die Schlüsselblume gefunden und aufgeweckt. „Passt gut auf die Schlüsselblume auf, wenn

ihr sie zu Huldra bringt", ermahnte die Frühlingsfee Hugo und Toni. „Diese kleine Blume sperrt das Tor zum Frühling auf. Ihr dürft sie also auf keinen Fall verlieren."

Vorsichtig nahm Hugo die zarte gelbe Blume in seinen Schnabel und machte sich auf den Weg zu Huldra.

„Das habt ihr beiden gut gemacht", lobte Huldra, als sie Hugo die Schlüsselblume behutsam aus dem Schnabel nahm. Bald darauf stapfte der Hirsch in den

Feengarten und die Frühlingsfee glitt von seinem Rücken. „Huldra, meine liebe Schwester, wie schön, dich wiederzusehen“, strahlte sie. Huldra umarmte ihre Feenschwester herzlich. „Ich habe mir solche Sorgen um dich gemacht, Brigid. Die Winterriesen wollten dich unbedingt aufhalten.“ Erstaunt hörten Ella und Milli zu. Huldra und Brigid waren Schwestern? „Ihr wisst aber auch gar nichts“, brummte der Hirsch, der ihre Gedanken erraten hatte. „Wollt ihr nicht von meinem Rücken herunter?“ „Nein, auf keinen Fall“, weigerten sich die beiden Mäuse. „Hier oben haben wir die beste Aussicht.“

„Neugieriges Mäusevolk“, knurrte der Hirsch. Inzwischen hatten sich alle um Huldra, die Winterfee, und Brigid, die Frühlingsfee, versammelt. Huldra überreichte Brigid einen Holunderstab und die Schlüsselblume, die sich in ihre Hand schmiegte. „Ich gebe dir den Feenzauberstab, damit du den Garten beschützen kannst, liebe Schwester. Mit der Schlüsselblume wirst du das Tor zum Frühling aufsperren, damit er endlich in den Feengarten einziehen kann. Ich mache mich auf den Weg in den Norden, wo ich mich bis zum nächsten Herbst ausruhe.“

Nun sprang Ella doch vom Rücken des Hirsches. Zaghaft zupfte sie an Huldras Rock. „Kommst du auch bestimmt im Herbst wieder, Huldra?“

„So sicher wie jedes Jahr, kleine Maus“, beruhigte Huldra Ella.

„Nun seht zu, wie Brigid das Tor zum Frühling aufschließt.“

Gespannt beobachteten die Bewohner des Feengartens, wie Brigid das große, alte Tor in einer Ecke des Gartens mit der kleinen Schlüsselblume aufschloss. Langsam öffnete sich das Tor und goldenes Sonnenlicht und warme Luft

strömten in den Garten. Lächelnd klatschte Brigid in die Hände. „Jetzt wecke ich alles aus dem Winterschlaf und es wird Frühling." Sanft berührte die Frühlingsfee die Bäume, die wohlig ihre Äste streckten. „Endlich Frühling", jubelte die Linde. „Endlich neue Knospen", knarrte der Apfelbaum. Wo immer Brigid ihren Fuß hinsetzte, erwachten die Blumen und schmolz der Schnee.

Schimpfend stapften die Winterriesen davon.
Mit Brigid war das Elfenvolk in den Garten zurückgekehrt. Fröhlich tanzten sie den Elfenreigen, hüpften ausgelassen durch den Garten und versteckten sich hinter den Blumen. Ein zartes, weißes Elfchen lugte hinter einer Schneerose hervor. „Erfreut, eure Bekanntschaft zu machen", rief sie Ella und Milli zu. „Ich heiße Rosi und bin die Schneerosenelfe." „Ich bin Miranda, die Rosenelfe", hauchte eine zierliche rosa Elfe, die aus der Rosenhecke lugte.
Ella und Milli kamen aus dem Staunen nicht heraus. Hugo zeigte waghalsige Flugmanöver, um die Elfen zu beeindrucken. Selbst Ida Igel war aufgewacht und streckte ihre Stacheln aus dem Laub. „Passt bloß auf, dass ihr nicht in meinen Stacheln hängen bleibt", rief sie den Elfen zu. Die brachen in fröhliches Gelächter aus. Wusste Ida denn nicht, dass Elfen elfengeschickt sind und niemals hängen bleiben?
Müde und erleichtert fiel Ella Milli schließlich um den Hals. „Jetzt, wo der Schnee weg ist und der Boden nicht mehr gefroren ist, können wir mit der Schatzsuche beginnen." Milli war begeistert. „Morgen machen wir einen Schatzsucheplan."
Ob sie zusammen mit ihren Freunden den Schatz finden konnten und welches Geheimnis sich darum rankte, das ist eine andere Geschichte.

Die Schatzsuche

Endlich war es soweit. Die Schatzsuche konnte beginnen. Der Frühling hatte das Land mit einem Meer von Blumen überzogen. Die Gänseblümchen reckten ihre Köpfchen der Sonne entgegen. Tiefblaue Veilchen erfüllten den Feengarten mit ihrem Duft und zartgelbe Primeln leuchteten wie bunte Farbklekse in der frühlingsgrünen Wiese.

Milli war so aufgeregt, dass sie bereits seit dem Morgengrauen in Ellas Stube herumzappelte. „Ella, es ist schon taghell. Lass uns doch alle zusammenrufen und einen Plan aushecken, wie wir die Schatzsuche anlegen wollen." Ella gähnte herzhaft. „Milli, wozu die Eile? Zuerst wollen wir noch frühstücken." Während Ella Kamillentee kochte und köstliche Fruchtmusbrote auf die Frühstücksteller legte, zog Milli ihre Koffer in die Mitte der Stube. „Puh", stöhnte sie. „Die Ausrüstung für die Schatzsuche ist verflixt schwer. Wie sollen wir das alles in den alten Buchenwald bringen?" Nachdenklich kräuselte Ella ihr Mäusenäschen.

Plötzlich sprang sie aufgeregt vom Sessel. „Ich hab's, wir fragen Rudi, den Hirsch der Frühlingsfee. Er ist mächtig stark und kann alle Werkzeuge, die wir für die Schatzsuche brauchen, bestimmt spielend leicht tragen." „Das ist eine hervorragende Idee", strahlte Milli. Bald darauf klopfte Hubsi, der es nicht erwarten konnte, die Schatzkarte von Opa Maus zu sehen, an Ellas Tür. Während Milli die Karte feierlich auf dem Tisch ausbreitete, flatterten Hugo und Toni in die Stube und Ida zwängte sich mit angelegten Stacheln durch die Tür.

„Donnerlittchen, ist das aufregend", zwitscherte Hugo. „Was sagst du zur Karte, Hubsi? Weißt du schon, wo wir graben müssen?" Hubsi setzte seine große Maulwurfsbrille auf die Nase und studierte die Karte eingehend. „Wenn ich die Zeichen richtig deute", brummte er, „müssen wir von der großen Eiche am Waldrand 1000 Mäuseschritte geradeaus bis zur höchsten Tanne im Wald. Von dort geht es 400 Mäuseschritte nach rechts bis zur Finsterhöhle, in der vor sehr langer Zeit Drachen lebten. Diese Höhle hat Opa Maus mit einer Krone gekennzeichnet. Ich glaube, dass der Schatz in der Finsterhöhle vergraben ist." „Donnerlittchen", flötete Hugo. „Du bist unglaublich schlau, Hubsi." „Das stimmt", erklärte Hubsi mit stolzgeschwellter Brust. „Und mutig bin ich, vergesst nicht, wie mutig ich bin." Toni schlug aufgeregt mit den Flügeln. „Freunde, das wird ein spatzenmäßig feines Abenteuer." Nelly hopste zur Tür herein. „Was für ein Abenteuer?" „Ach Nelly, du musst unbedingt mitkommen", rief Milli und erzählte Nelly in Windeseile die Geschichte vom Schatz und Opa Maus. Nelly war begeistert. „Das lass ich mir auf keinen Fall entgehen. Ich

nehme auf jeden Fall meine Medizintasche mit, falls sich jemand bei der Schatzsuche verletzt."
Zu guter Letzt sauste Ella noch zu Rudi Hirsch und bat ihn um Hilfe. Rudi war Feuer und Flamme. „Fühl mal meine Muskeln, Ella. Die Schatzausrüstung trage ich doch mit einem Huf. Kinkerlitzchenleicht ist das." Ella bedankte sich hocherfreut. Wie schön, dass alle helfen wollten! Bald war die Truppe bereit zum Aufbruch. Lachend und singend wanderten sie den Weinberg hinauf. Im Handumdrehen waren sie bei der großen Eiche am Waldrand angelangt. „Ich habe schon auf euch gewartet", raunte die Eiche. „Vergesst nicht, 1000 Mäuseschritte geradeaus zu gehen." Ella blieb der Mund vor Staunen offen. „Woher weißt du das, Eiche?", fragte sie entgeistert. Die Eiche räusperte sich verlegen. „Ich bin doch uralt, Ella, und war schon hier, als Opa Maus den Schatz vergraben hat. Er hat so laut bis 1000 gezählt, dass es der ganze Wald gehört hat. Aber wir Bäume können Geheimnisse bewahren und haben niemandem vom Schatz erzählt." Toni plusterte sich auf. „Das ist ja spatzenmäßig, spatzenmäßig ..." Das erste Mal, seit Ella Toni kannte, hatte es dem frechen Spatz die Rede verschlagen. Die Sumpfdotterblumen wiegten ihre sonnengelben Köpfchen im dunklen Moos des Waldes. „Erzählt uns, wenn ihr den Schatz gefunden habt", winkten sie den Freunden nach. Die höchste Tanne war nach 1000 Mäuseschritten leicht zu finden. Auch sie hatte schon gewartet. „Das hat ja ewig gedauert, bis endlich jemand den Schatz sucht", ächzte sie. „Wir sind alle schrecklich neugierig, war für ein Schatz da vergraben ist." „Denkt daran, 400 Mäuseschritte nach rechts bis zur Finsterhöhle. So hat es jedenfalls Opa Maus

gezählt", brummte die Tanne. Ella und ihre Freunde konnten es kaum mehr erwarten und trippelten, hopsten und flogen das letzte Stück des Weges so schnell sie nur konnten. Nur Rudi Hirsch schritt gemächlich dahin. Mit seinen langen Hirschbeinen war er trotzdem noch schneller an der Finsterhöhle angelangt als Ella, Milli und die anderen. „Puh, geschafft", ächzte Milli. „Halt, wo ist Ida? Ida fehlt." Schnaufend kam Ida mit ihren kurzen Beinen um die letzte Föhre vor der Finsterhöhle. „Ich bin im Rennigeltempo gelaufen", keuchte sie. „Schneller ging es einfach nicht." „Meinst du nicht im Rennschneckentempo, Ida?", kicherte Toni. „Du frecher Lümmel", empörte sich Ida. „Wenn du so viele Stacheln zu schleppen hättest wie ich, wärst du auch nicht schneller." „Fangen wir endlich an?", gähnte Rudi und schüttelte die Schaufeln, die er auf seinem Rücken getragen hatte, mit einem Schwung ab. Nelly war schon in die Höhle gehopst. Neugierig sah sie sich um. „Wo sollen wir graben?" Nachdenklich kräuselte Hubsi seine pelzige Maulwurfsstirn. Ida drehte sich wie ein stacheliger Ball im Kreis und Hugo und Toni flatterten kreuz und quer durch die Höhle. „Hier, hier, seht doch", fiepte Milli aufgeregt. „An der Wand ist ein Pfeil eingezeichnet, der nach unten zeigt." Ella hüpfte aufgeregt auf und ab. „Der Pfeil zeigt auf eine Krone. Dieselbe Krone wie auf der Schatzkarte. Hier sollten wir

zu graben beginnen." „Genau", gähnte Rudi. „Ich mache inzwischen ein Nickerchen. Weckt mich, wenn ihr den Schatz gefunden habt." Eifrig gruben, schaufelten und buddelten Ella, Milli, Ida, Nelly und Hubsi. Hugo und Toni scharrten die Erde zur Seite. Tiefer und tiefer wurde das Loch. Müder und müder wurden die Freunde. „Ich kann nicht mehr", seufzte Ida. „Ruh dich aus, Ida", sagte Ella. Aufmunternd sah sie die anderen an.

„Wir schaffen das. Ein bisschen noch.“ Bum, Millis Schaufel war auf etwas Festes gestoßen. Hastig schaufelte sie die Erde weg. „Eine Kiste, seht mal, eine Schatzkiste“, jubelte sie. Mit Feuereifer schaufelten alle gemeinsam die Kiste frei und hievten sie aus der Grube. Gespannt hielten sie den Atem an. Ellas Herz drohte vor Aufregung zu zerspringen. „Milli, öffne du den Deckel, bitte.“ Zaghaft und vorsichtig hob Milli den Deckel der Kiste hoch. Ein feuerrotes Funkeln drang aus der Kiste und erhellte die Höhle wie Flammenschein. Endlich sprang der Deckel mit rostigem Ächzen vollends auf. „Oh, wie wunderschön“, hauchte Milli. „So etwas hab' ich ja noch nie gesehen“, brummte Hubsi. „Wie ein magischer Feuerball“, staunte Toni. „Ich bin gar nicht mehr müde“, seufzte Ida. „Und niemand hat sich verletzt“, freute sich Nelly.

Im Inneren der Kiste lag ein tiefrot glühender Kristall und daneben ein Brief von Opa Maus. Vorsichtig hob Ella den Brief aus der Kiste, um ihn ihren Freunden vorzulesen. Vor langer Zeit, erzählte Opa Maus, habe ich einem Drachen das Leben gerettet, der von einem Bären angefallen wurde. Wie jeder weiß, fürchten sich Bären vor Mäusen. Ich habe mich vor dem Bären auf meinen Hinterbeinen aufgerichtet und „Buh“ gepiepst. Der Bär ist so erschrocken, dass er geflüchtet ist. Zum Dank dafür hat mir der Drache den Karfunkelstein geschenkt, der in der Kiste liegt. Wann immer ihr in Not seid, könnt ihr den Drachen mithilfe des Karfunkelsteines rufen. Ihr müsst dazu folgenden Spruch sagen:

„Karfunkelstein, hell und rein,
du sollst heut' mein Bote sein.
Eins, zwei und drei,
den Drachen rufe ich herbei.“

Der Drache wird die Botschaft hören und sogleich herbeieilen. Da ich nicht mehr in den alten Buchenwald komme, gebe ich den Schatz an Ella und Milli weiter.

Ella und Milli führten einen Mäusefreudentanz auf, Nelly klopfte mit ihrem buschigen Eichhörnchenschwanz den Takt dazu und Toni zwitscherte die Melodie. Rudi Hirsch steckte den Kopf durch den Eingang der Höhle und brummte: „Bald wird es dunkel, wir sollten nach Hause aufbrechen.“ Tatsächlich war es im Wald dämmrig geworden. Rasch zogen die Freunde die

Schatzkiste mit dem Karfunkelstein vor die Höhle. Rudi ging in die Knie, damit sie die Kiste auf seinem Rücken festbinden konnten. Toni und Hugo durften in Rudis Geweih sitzen. Ella und Milli hielten sich auf dem schwankenden Rücken des Hirsches fest. Nelly beschloss, von Baum zu Baum nach Hause zu hüpfen, so wie Eichhörnchen das eben tun. Nur Ida und Hubsi wollten gemächlich nach Hause wandern.

Im Schatten des Waldes leuchteten die hellen Blütenköpfchen der Buschwindröschen wie Sterne und halfen ihnen, den Weg zu finden. Sie kicherten und wiegten sich im Abendwind. „Kommt uns wieder besuchen", wisperten sie und Ella versprach, genau das zu tun. „Danke für eure Beleuchtung, liebe Buschwindröschen", rief sie ihnen zum Abschied zu. Die Tanne bestaunte den Karfunkelstein ausführlich. „Das muss ich meinen Baumfreundinnen erzählen", raunte sie. „Davon wird man im Buchenwald noch lange sprechen." Die Eiche war erleichtert, dass alles gut gegangen war. „Ein Karfunkelstein, um einen Drachen zu Hilfe zu rufen", staunte sie. „Wer hätte das gedacht? Kommt wieder und erzählt mir mehr. Jetzt aber rasch nach Hause mit euch. Die ersten Sterne stehen schon am Himmel." Rudi Hirsch setzte bedächtig einen Huf vor den anderen. „Keine Angst, ich finde immer den Weg", versicherte er

den Freunden. Ella hatte Rudi sehr lieb gewonnen. Sie fühlte sich auf seinem Rücken so wohl, dass sie das letzte Stück des Weges tief und fest schlief. Sie wurde erst wach, als sie Brigids Stimme hörte. „Da seid ihr ja, meine Kleinen“, seufzte die Frühlingsfee erleichtert. Alle wollten Brigid die Geschichte von der Schatzsuche, dem Drachen und dem Karfunkelstein erzählen. Je länger sie erzählten, desto bunter und abenteuerlicher klang die Schatzgeschichte. Schließlich schüttelte Brigid ungläubig den Kopf. „Ein Karfunkelstein, sagt ihr? Mit dem Kristall können wir einen Drachen zu Hilfe rufen? Das ist ebenso kostbar wie Feenzauber. Ella, du musst den Karfunkelstein gut aufbewahren. Ich glaube, er wird uns noch wertvolle Dienste leisten.“ Gesagt, getan. Ella und Milli nahmen den feuerrot schimmernden Kristall mit in Ellas Stube und verstauten ihn im Bücherregal. Bald schliefen alle Bewohner des Feengartens. Nur die Linde und der Apfelbaum rauschten noch im Abendwind. Die Eiche und die Weiden am Bach hatten ihnen die Geschichte zugeraunt, bevor die Freunde im Garten eingetroffen waren. Die Linde schüttelte noch ein paar Blätter auf Ida, damit sie gut zugedeckt war. Der Apfelbaum wiegte Nelly in den Schlaf und dachte bei sich, wie froh er war, das sie bei ihm wohnte. Ella träumte vom Finsterwald und einem kleinen tollpatschigen Drachen. Und Milli? Milli Maus träumte vom Zirkus und waghalsigen Kunststücken auf dem Zirkuspferd. Nur Rudi Hirsch träumte gar nichts. Er war so müde von diesem aufregenden Abenteuer, dass er tief und traumlos schlief. Und Hubsi? Der war im Wald bei Ben Biber geblieben und beriet sich mit Ben über die beste Art, eine Burg zu bauen. Schließlich waren sie beide exzellente Baumeister.

Der Karfunkelstein glühte sanft in der Dunkelheit. Wie er bald eine wichtige Rolle spielen und ein Unglück verhindern sollte, das ist eine andere Geschichte.

Der listige Zauberer

Es war beinahe schon Sommer. Im Feengarten blühte und grünte es verschwenderisch. Rosen blühten in allen Farben und erfüllten den Garten mit süßem Duft. Die ersten Kirschen wurden reif. Tiefrot und saftig hingen sie an den Ästen. Hugo und Toni duellierten sich mit der Bande von Max Star, um die schönsten Kirschen zu erwischen.
Die Linde schmückte sich über und über mit süß duftenden Blüten, auf die Nelly schon sehnsüchtig gewartet hatte. Die Linde hatte ihr erlaubt, so viele Blüten, wie Nelly wollte, für ihre Kräuterapotheke zu pflücken. Im Winter würde sie für ihre Patienten daraus einen wohltuenden Tee kochen. Ella und Milli hatten versprochen, Nelly zu helfen. Mit lautem Rauschen landete Archibald Storch auf der Wiese im Feengarten. „Ich bringe Neuigkeiten", klapperte er laut. „Wichtige Neuigkeiten. Im Schloss unten im Dorf hat sich ein Zauberer angesagt. Er wird morgen Abend seine Zaubertricks vorführen. Ihr seid alle eingeladen, zu kommen, um den großen Zauberer Malo von Gruselstein und seine Zaubertricks zu sehen." „Nelly, hast du gehört?", strahlte Ella. „Ein Zauberer kommt. Ich wollte immer schon einen echten Zauberer sehen. Wir müssen unbedingt hingehen." Aufgeregt begannen Ella und Milli zu tuscheln. Nelly sagte nur: „Humpf, alles faule Tricks. Wenn ich mit meinen Kräutern alle gesund mache, das ist Zauberei. Gebt bloß acht, diesen

Zauberern ist nicht zu trauen." „Ach Nelly", bettelte Milli, „sei doch kein Spielverderber. Wir müssen unbedingt alle gemeinsam zur Zaubervorführung gehen." „Na schön, na gut", brummelte Nelly missmutig vor sich hin. „Aber nur, weil ihr meine Freundinnen seid und ich euch so lieb habe. Außerdem muss ich auf euch aufpassen." „Oh, danke, Nelly", jubelte Ella. „Gemeinsam macht es viel mehr Spaß."

Ida steckte ihren Kopf aus ihrer Laubwohnung am Fuß der Linde. „Was ist los da oben? Wo gehen wir hin?" „Zur Zaubertrickvorführung", klapperte Archibald wichtig. „Alle sind eingeladen." „Donnerlittchen, ein Zauberer", flötete Hugo aus seinem Nest in der Rosenhecke. „Da müssen wir unbedingt

hin.“ „Jawohl“, piepste Toni. „Unbedingt, jawohl. Zaubertricks sind sehr nützlich, wenn man Unfug anstellen möchte.“

Brigid erschien mit einem Korb duftender Kräuter. „Die sind für dich, Nelly“, sagte sie. „Damit wirst du alle im Feengarten gut durch den nächsten Winter bringen.“ Kamille, Salbei, Schafgarbe, Thymian, Melisse und Minze lagen im Korb, den Nelly hocherfreut an sich nahm. „Danke, Brigid“, jubelte sie. „Diese Kräuter kann ich gut gebrauchen.“ „Nun zu euch, meine Lieben“, wandte sich Brigid streng an Ella und Milli. „Geht bitte nur gemeinsam zur Zaubertrick-vorstellung. Rudi wird euch hin- und zurückbringen, damit er auf euch aufpassen kann, falls der Zauberer tatsächlich mit faulen Tricks arbeitet. Ella, du solltest auch den Karfunkelstein zur Vorsicht mitnehmen, denn ihr kennt niemanden im Schloss und wisst nicht, was euch erwartet.“

Ella und die anderen versprachen hoch und heilig, aufeinander achtzugeben. Obwohl sie Brigids Sorge für vollkommen übertrieben hielt, packte Ella, wie versprochen, den Karfunkelstein in ihre Tasche. „Was, um Himmels Willen, soll denn bei einer Zaubertrickvorstellung passieren?“, lächelte sie.

Milli, die den Zirkus, in dem sie als Zirkusreiterin aufgetreten war, vermisste, freute sich diebisch auf den Abend mit dem Zauberer Malo von Gruselstein. „Endlich wieder eine Vorstellung und Publikum“, zwinkerte sie Ella zu. „Wer weiß, vielleicht darf ich sogar bei einem Zaubertrick assistieren?“ Bis weit in die Nacht hinein tuschelten Ella und Milli miteinander. Die Vorfreude und die Spannung wuchsen. Sie kicherten so laut und lange, bis Hugo von draußen plärrte: „Ruhe, ihr zwei Tratschmäuse. Bei dem Lärm kann ja niemand schlafen.“

Am nächsten Nachmittag putzten sich alle fein heraus. Ella band rote Maschen mit weißen Punkten an ihre kleinen Mäuseohren. Milli zog ihre schicken Cowboystiefel an und setzte ihren Cowboyhut auf. Ida hatte ihre gelben Sonntagsschuhe angezogen und ihre Stacheln extra glänzend poliert. Hugo und Toni trugen kecke Mützen. Nur Nelly sah aus wie immer. „Ich bin naturschön“, erklärte sie. „Noch schöner kann ich nicht werden.“ Als Rudi endlich dahertrabte, zappelten alle schon vor Aufregung. „Alle auf ihre Plätze“, brummte Rudi. Rasch kletterten Milli und Ella auf seinen Rücken. Nelly turnte geschickt hinauf und Hugo und Toni setzten sich in Rudis Geweih. Ida schaute verzagt nach oben. „Das ist zu hoch. Da komme ich unmöglich hinauf“, jammerte sie. „Doch, kommst du“, beschwichtigte Brigid Ida und hob den

kleinen Igel behutsam auf Rudis Rücken. „Kommt nicht zu spät nach Hause“, ermahnte die Frühlingsfee die lustige Truppe. „Ich warte auf euch.“
Los ging's. Rudi schritt gemächlich ins Dorf und bald waren sie im Schloss angelangt. Im Schlosshof war eine Bühne aufgebaut, die von den Freunden gebührend bestaunt wurde. Für die Zuschauer waren Sessel aufgestellt. In der vordersten Reihe hatte bereits Archibald Storch Platz genommen. „Kommt“, klapperte er. „Ich habe für euch Plätze freigehalten. Beeilt euch. Die Vorstellung beginnt gleich.“ Rasch huschten Ella, Milli, Ida und Nelly zu ihren Plätzen. Hugo und Toni setzten sich auf die Lehne von Ellas Sessel, als auch schon der Vorhang aufging. Ein Raunen ging durch das Publikum. „Whoa“, flüsterte Toni. „Der sieht ja spatzenmäßig prächtig aus.“ „Umwerfend“, hauchte Milli. „Verdächtig“, schnaubte Nelly.
Hugo, der wie immer schwer zu beeindrucken war, sagte nur: „Ganz okay.“
Ella schlug das Herz bis zum Hals. So sah also ein echter Zauberer aus. Ein mitternachtsblauer Umhang und ein hoher spitzer Hut ließen den Zauberer sehr elegant erscheinen. Sein weißer Bart reichte fast bis zum Boden. Unter dem Hut quollen fedrig feine, weiße Haare hervor. „Hochverehrte Herrschaften“, dröhnte die Stimme des Zauberers durch den Schlosshof. „Ich bin Zauberer Malo von Gruselstein. Die Zaubertricks, die ich Ihnen heute Abend vorführen werde, sind einzigartig.“
Es wurde mucksmäuschenstill im Hof und die Vorstellung begann. Malo zeigte einen unglaublichen Trick nach dem anderen. Das Publikum war begeistert und klatschte wie verrückt. Nachdem Malo einen Schal weggezaubert und wieder

herbeigezaubert hatte, flüsterte Toni bewundernd: „Wie macht er das bloß?“ „Meisterlich, igelig“, murmelte Ida. „Das hat er bestimmt in der Schule für Zauberei gelernt“, überlegte Hugo. „Auf jeden Fall sehr beeindruckend“, fügte Ella hinzu. „Humpf, nichts als faule Tricks“, meuterte Nelly.

Der Zauberer verbeugte sich und wandte sich an das Publikum. „Wenn jemand diesen besonderen Trick aus der Nähe kennenlernen möchte, kann er zu mir auf die Bühne kommen.“ Sein Blick blieb an Milli hängen. „Wie wäre es mit dem Mäusefräulein mit dem bezaubernden Cowboyhut? Möchten Sie mir assistieren?“ Aufgeregt sprang Milli auf. Noch bevor Ella sie an ihrem kleinen

Mäuseschwänzchen zurückhalten konnte, war Milli auf die Bühne gehuscht. „Oh nein, wenn das bloß keinen Ärger gibt“, wisperte Ella beunruhigt. „Sehr mutig, meine Dame“, lobte Malo von Gruselstein Milli. „So eine Assistentin habe ich mir schon immer gewünscht.“

„Verehrtes Publikum, ich werde das reizende Mäusefräulein jetzt wegzaubern und natürlich gleich wieder herbeizaubern.“ Er zwinkerte Milli zu. „Bereit?“, fragte er. Milli gefiel das Funkeln in den Augen des Zauberers plötzlich gar nicht. „Ich weiß nicht“, begann sie vorsichtig. Bevor sie noch ein weiteres Wort sagen konnte, ertönte Malos Zauberspruch.

„Mit Zauberstab und Zauberwort,
eins, zwei, drei, die Maus ist fort.“

Mit klopfendem Herzen sah Ella, dass Milli nicht mehr da war. „Zaubere sie wieder herbei“, rief Ella laut. „Ja, zaubere sie wieder her. Wir wollen Milli zurückhaben“, forderten alle Zuschauer. „Ich werde es natürlich versuchen“, versicherte Malo mit einem falschen Lächeln. Insgeheim dachte er, ich werde Milli natürlich nicht wieder herbeizaubern. Ich werde sie behalten. Sie wird eine vorzügliche Assistentin sein. Theatralisch schwang Malo von Gruselstein seinen Zauberstab und donnerte:

„Milli Maus, komm zurück.“

Milli jedoch saß unter dem hohen, spitzen Hut des Zauberers und konnte sich nicht befreien. Verzweifelt rupfte sie an den Haaren des Zauberers und versuchte, unter dem Hut herauszuschlüpfen. Es ging nicht. Oh Schreck und Mäusekatastrophe. Was sollte sie tun?

Malo hob bedauernd die Hände und sagte: „Der Zauberspruch wirkt offenbar nicht. Ich werde es später noch einmal versuchen.“ „Ich sage doch, nichts als faule Tricks“, zischte Nelly Ella zu. „Du musst den Drachen rufen.“ Ella wollte Milli wiederhaben. Koste es, was es wolle. Vorsichtig rieb sie am Karfunkelstein in ihrer Tasche und wisperte:

„Karfunkelstein, hell und rein,
du sollst heut’ mein Bote sein.
Eins, zwei und drei,
den Drachen rufe ich herbei.“

Sie hatte den Spruch kaum beendet, als ein mächtiges Rauschen ertönte und ein Drache herbeigeschwebt kam. Er landete direkt vor Ella und klappte seine grauen Schuppenflügel ein. Ella traute ihren Augen kaum. Da war er, der kleine tollpatschige Drache aus ihrem Traum. Er funkelte sie aus seinen kleinen, dunklen Drachenaugen an. „Du hast mich gerufen, Ella. Ich bin Drago vom Finsterwald. Wie kann ich dir helfen?“ „Ich dachte, ein großer, mächtiger Drache würde uns zu Hilfe eilen“, stammelte Ella. Beleidigt ließ der kleine Drache seine flauschigen Ohren hängen. „Groß ist auch nicht immer

besser als klein", brummte er. „Ich bin zwar noch Drachenlehrling, aber ich kann schon feuerspucken." Ella war beeindruckt. „Lass ihn doch helfen", zischte Nelly ihr zu. „Ja, lass ihn helfen", piepsten Hugo und Toni eindringlich. „Wir wollen Milli zurück", forderte Ida. „Der Zauberer hat sie weggezaubert", klapperte Archibald Storch.

Wie ein Sturzbach purzelte die ganze Geschichte aus Ella heraus. Nachdenklich kniff Drago die Augen zusammen. „Ich werde den Zauberer gehörig erschrecken", blinzelte er Ella zu. „Dann wird er Millis Versteck bestimmt verraten."

Der Zauberer war ganz blass geworden. Beschwichtigend hob er die Hände. „Es ist nicht meine Schuld, Drache", schwindelte er. „Milli Maus ist einfach

verschwunden." Empört quietschte Milli unter dem Hut des Zauberers auf.
Drago hatte Milli mit seinen feinen Drachenohren gehört. „Ich weiß, wo Milli ist", polterte er. „Donnerlittchen, der Drache ist schlau", flötete Hugo bewundernd.
Drago grinste sein breites Drachengrinsen, richtete sich auf und holte tief Luft. Fauch, schoss ein Flammenstrahl aus seinem Maul und traf den Hut des Zauberers. „Glück gehabt", murmelte Drago. „Meistens treffe ich nicht beim

ersten Mal.“ „Ach du heiliges Kanonenrohr“, jaulte der Zauberer. „Mein Hut, mein funkelnagelneuer Zauberhut brennt. Du dämlicher Drache“, schimpfte er und riss sich den Hut vom Kopf. Husch, und hast du's nicht gesehn, huschte Milli pfeilschnell in den Bart des Zauberers und kletterte daran bis zum Boden hinunter. „Milli, Milli, da bist du ja wieder“, lachte Ella erleichtert, als Milli ihr in die Arme fiel. Hugo drückte ihr mit seinem Schnabel einen herzhaften Amselkuss auf die Wange und Toni hopste aufgeregt im Kreis. „Ich hab's euch doch gleich gesagt“, meldete sich Nelly. Ihr buschiger Eichhörnchenschweif klopfte energisch auf den Boden. „Zauberer und faule Tricks. Fast hätte Malo von Gruselstein Milli behalten. Ohne Drago hätten wir Milli Maus nicht befreien können.“ Milli drehte sich zu Drago und lächelte ihn strahlend an. „Drago, du bist mein Held. Der allerbeste, mutigste und klügste Drache, der je im Finsterwald gelebt hat. Du musst unbedingt in den Feengarten mitkommen, damit Brigid dich kennenlernen kann.“ „Keine Ursache, Milli“, entgegnete Drago. „Es war mein Papa, dem Opa Maus das Leben gerettet hat. Mein Papa hat mich zu euch geschickt, als die Botschaft über den Karfunkelstein zu uns kam. Wir Drachen schulden euch Dank und Hilfe. Ich komme gerne mit in den Feengarten.“ Ella kicherte. Sie hatte gehört, dass Drago gemurmelt hatte, dass er beim Feuerspucken meistens nicht beim ersten Mal sein Ziel traf. Verschwörerisch blinzelte sie dem kleinen Drachen zu: „Im Feengarten kannst du auch in Ruhe Feuerspuck-Zielübungen machen. Ich helfe dir.“ „Au ja“, quietschte Drago. „Dann kann ich meinem Papa zeigen, wie gut ich treffe.“ Rudi Hirsch tauchte neben Ella auf und brummte: „Seid ihr fertig?

Dann sollten wir jetzt nach Hause aufbrechen.“ Im Nu war die Truppe unterwegs und traf bald unter lautem Geplauder und erleichtertem Lachen bei Brigid ein. Die Frühlingsfee lauschte aufmerksam, als alle durcheinander die Geschichte vom listigen Zauberer, der Milli unter seinem Hut gefangen hatte, erzählten. Drago spitzte die Ohren und wünschte sich sehnlichst, dass Brigid ihm erlauben würde, im Feengarten zu bleiben. Schließlich trat Brigid an Dragos Seite und kraulte ihn hinter seinen schuppig-flauschigen Drachenohren.

„Das hast du gut gemacht, kleiner Drache“, lächelte sie. „Vielleicht möchtest du ja bei uns im Feengarten bleiben?“ Und so leise, dass nur Drago es hören konnte, fügte sie hinzu: „Hier kannst du in Ruhe Feuerspucken üben.“

„Danke“, hauchte Drago verzückt. So war es beschlossene Sache. Drago würde sich einen Drachenhorst in den Zweigen der hohen Esche bauen.

Zeitig am nächsten Morgen rief Ella Drago zu sich. Sie zeigte auf zwei Fässer, über die ein Brett gelegt worden war. Auf dem Brett standen fein säuberlich in einer Reihe Blechdosen. „Sieh mal, Drago“, fiepte sie. „Das ist dein Übungsplatz. Hier kannst du versuchen, beim Feuer-Zielspucken die Blechdosen zu treffen.“ Drago war begeistert. „Das ist ein superdrachen-schlauer Plan“, quietschte er. Und so kam es, dass Drago übte und übte und übte. Er wurde so geschickt im Feuer-Zielspucken, dass Brigid ihn bat, bei einem Feuerwerk zu helfen. Welches rauschende Fest mit einem Feuerwerk als Höhepunkt gefeiert wurde und ob Drago das ohne Missgeschick gelang, ist eine andere Geschichte.

Die Elfenhochzeit

Im Feengarten herrschte reges Getümmel. Es summte und brummte, piepste und quakte, flatterte und huschte. Bald sollte Elfenhochzeit sein und jeder hatte von Brigid Aufgaben bekommen, damit es auch wirklich ein rauschendes Fest werden würde. Am 21. Juni, dem Tag der Sommersonnenwende, wollte Miranda, die Rosenelfe, ihren Bräutigam Thore, den Birkenelf, heiraten. An diesem Tag wurde schon immer Elfenhochzeit gefeiert. Wie es Brauch war, würden die Elfen ausgiebig schmausen, Rosennektarpunsch trinken und natürlich den Elfenreigen tanzen. Bob und Rob Grille hatten sich dazu bereit erklärt, den Hochzeitswalzer zu fiedeln. Die Braut hatte sich den Rosenelfenwalzer von Johann Maus gewünscht, den die Grillenbrüder nun eifrig Tag und Nacht übten. Die Bienen sammelten emsig Nektar von allen Blüten, damit Nektarpunsch serviert werden konnte. Archibald Storch überbrachte die Einladungen. Hubsi hatte einen Hochzeitshügel gebaut, auf dem das Brautpaar während der Zeremonie stehen konnte. Und Drago? Der übte auf Teufel komm raus Feuerspucken, damit er die Raketen für das Feuerwerk entzünden konnte. Ella ruhte sich gerade unter der Himbeerhecke aus, als sie plötzlich ein leises Weinen hörte.

„Was soll ich nur machen? Jetzt ist mein Brautkleid zerrissen. Ein neues wird doch bis zur Hochzeit nie mehr fertig.“ Ella bog die stacheligen Zweige auseinander, um nachzusehen, woher das Schluchzen kam. „Miranda, bist du das?", fragte sie besorgt. „Ja", schluchzte die kleine Rosenelfe, die sich in der Himbeerhecke verkrochen hatte. „Ich bin ja so furchtbar unglücklich. Ich Tollpatsch habe mein Hochzeitskleid anprobiert und in den Dornen der Rosenhecke zerrissen. Am besten komme ich nie mehr aus den Himbeeren heraus." „Aber nein", kicherte Ella, „das würde deinem Bräutigam aber gar nicht gefallen." „Ich bin aber so unglücklich", heulte Miranda. „Was soll ich denn jetzt anziehen?"

„Wir finden bestimmt eine Lösung", beruhigte Ella die Rosenelfe. „Komm erst einmal heraus, damit wir alles besprechen können." Zaghaft wischte sich Miranda die Tränen von den rosigen Wangen.

Vorsichtig schlüpfte sie durch die stacheligen Zweige, bis sie vor Ella stand. „Sieh doch selbst, Ella", murmelte sie. „Mein Kleid ist eine Katastrophe." Nachdenklich runzelte Ella die Stirn. „Lass mich überlegen. Wer könnte uns helfen? Wo bekommen wir einen passenden Stoff her?" Miranda sah Ella hoffnungsvoll an. „Fällt dir eine Lösung ein? Du weißt doch immer Rat." Da trug der Wind süßen Blütenduft in die Himbeerhecke und eine holzig raue Stimme flüsterte: „Ich kann euch helfen. Aus meinen Blüten könnt ihr ein Brautkleid nähen." Ella und Miranda sahen sich suchend um. Wer hatte da gesprochen? Der große Holunderbusch am Rand des Gartens winkte den beiden mit seinen Astarmen zu. Er war über und über mit duftenden weißen Blüten geschmückt. Ella klatschte in die Hände. „Das ist eine vorzügliche Idee, lieber Holunder. Ein schöneres Brautkleid kann ich mir gar nicht vorstellen."

Zufrieden wiegte der Holunder seine Äste. „Jetzt braucht ihr nur noch jemanden, der das Brautkleid für Miranda näht.“ „Die Nebelfrauen können uns sicher helfen“, rief Ella aufgeregt. „Sie haben Kleider aus hauchzarten Nebelgespinsten. Bestimmt können sie für dich ein Brautkleid nähen.“ Kichernd liefen die beiden zu Brigid, um ihr alles zu erzählen. Streng sah die Frühlingsfee die kleine Rosenelfe an. „Du weißt genau, dass du das Brautkleid nicht vor der Hochzeitsfeier anziehen darfst. Jetzt sieh dir nur den Schlamassel an, den du mit deiner Ungeduld angerichtet hast.“ Zerknirscht blickte Miranda

zu Boden. „Es tut mir so leid, Brigid. Ella hat mäusehoch versprochen, mir zu helfen." „Na gut", lächelte Brigid. „Ihr könnt Rudi Hirsch bitten, euch zu den Nebelfrauen zu bringen." „Au ja, lass uns sofort aufbrechen", jubelte Miranda und schwebte davon. Ella schüttelte den Kopf. „Diese elfenhafte Ungeduld ist hoffentlich nicht ansteckend." Schon schlurfte Rudi gähnend herbei. Miranda schwebte ungeduldig neben ihm her und jammerte: „Bitte Rudi, wir müssen sofort los. Du weißt doch, wie wichtig mein Brautkleid ist." Rudi gähnte wieder herzhaft. „Du weißt doch, Miranda, dass ich dir keinen Wunsch abschlagen kann. Also komm, lass uns die Nebelfrauen besuchen." Brigid lachte herzhaft. „Rudi, du hast ein Herz aus Gold. Pass mir gut auf Ella und Miranda auf." Behutsam setzte sie Ella auf Rudis Rücken. Ella hatte gerade noch Zeit, sich festzuhalten, als Rudi auch schon losmarschierte. Rote Mohnblumen tanzten zur Melodie des Windes am Ackerrand. „Wohin des Weges, Ella?", sangen ihre hellen Blumenstimmen. „Wir besuchen die Nebelfrauen am Bach", rief Miranda ihnen zu. „Ich werde sie bitten, mein Brautkleid zu nähen." „Wie wundervoll, wie bezaubernd, wie romantisch, wie elfenschön", sangen die Mohnblumen und winkten ihnen zu. Bald waren Ella, Miranda und Rudi am Bachufer angekommen. An den Ästen der Weiden hingen die hauchzarten Kleider der Nebelfrauen und wogten wie feine Schleier im Wind. Die Nebelfrauen saßen am Ufer, kämmten ihre silbrigen Haare und sangen mit ihren glockenhellen Stimmen ein Nebellied. „Hallo, Ella", wisperten sie. „Wen hast du da mitgebracht?" Ella deutete auf die kleine Rosenelfe. „Ich habe Miranda, die Rosenelfe, zu euch gebracht. Sie hat ihr Brautkleid in der dornigen Rosenhecke

zerrissen. Könnt ihr bitte, bitte ein neues Brautkleid für sie nähen?" Langsam schwebten die Nebelfrauen näher. „Hmm, Miranda ist sehr zart." Prüfend musterten sie die kleine Elfe. „Habt ihr einen Stoff für das Brautkleid?" „Ja, der Holunder schenkt ihr seine weißen Blüten", sagte Ella eifrig. „Mit eurer Hilfe und eurer Nähkunst wird aus den Blüten bestimmt ein zauberhaftes Kleid." Fröhlich tanzten die Nebelfrauen um Miranda herum. „Wir machen es, wir nähen es", sangen sie ausgelassen. „Wir kommen mit euch mit in den Feengarten und fangen gleich an." Gesagt, getan, machte sich Rudi mit Ella, Miranda und den Nebelfrauen auf den Weg zurück in den Feengarten. „Mir

schwirrt schon der Kopf von all dem Gekicher, Geplappere und dem ewigen Nebelfrauengesang", brummte er. „Ein Hirsch braucht seine Ruhe."
„Danke, dass du mir hilfst", flüsterte Miranda ihm ins Ohr. „Mach ich doch gerne", schmunzelte Rudi.
Im Feengarten angekommen, machten sich die Nebelfrauen sogleich ans Werk. Mit hauchfeinen Fäden aus Nebelseide schneiderten sie aus den duftenden weißen Holunderblüten das schönste Brautkleid, das je auf einer Elfenhochzeit getragen wurde. Zu guter Letzt woben sie noch einen Brautschleier aus Nebelgespinst, der so schön war, dass Ella und Miranda vor Rührung schnieften. Miranda fiel den Nebelfrauen um den Hals. „Ich danke euch von Herzen für eure Hilfe. Nun wird es doch noch ein schöner Hochzeitstag." Ella bekam einen herzhaften Elfenkuss. „Willst du meine Brautjungfer sein und mir an meinem Hochzeitstag helfen, liebe Ella?" Ella räusperte sich. „Es wäre mir eine Freude, Miranda." Aber bis zur Hochzeit gab es noch viel zu tun. Ella und Milli fingen an, Kuchen zu backen, die von den Kornblumenelfen mit Himbeerglasur und Blumen verziert wurden. Nelly braute Kräuterlimonade und Nektarpunsch, bis ihr von all den duftenden Kräutern und dem Honignektar ganz schwindelig war. Ida band mit den Mohnblumenelfen Blumengirlanden, mit denen die Tische geschmückt wurden. Alle waren so fröhlich und ausgelassen, dass niemand bemerkte, dass die Sorgenfalten auf der Stirn des Bräutigams von Tag zu Tag tiefer wurden. Niemand außer Hugo, der den kleinen Birkenelf schließlich zur Seite nahm und fragte: „Was ist los, Thore? Was bedrückt dich?" Verzagt ließ Thore seine spitzen Elfenohren hängen. „Sieh

mich doch an, Hugo. Mein Anzug ist grün, birkenblättergrün. Sollte ein Bräutigam nicht einen schwarzen Anzug zur Hochzeit tragen?“ Hugo flötete erleichtert. „Das hat dich gequält, Thore? Donnerlittchen, warum hast du nicht schon viel früher etwas gesagt?“ Wichtig schwenkte Hugo seine schwarzen Flügel. „Ich trage doch immer ein schwarzes Federkleid und habe einige Federn, die ich dir geben kann. Komm, Thore, wir suchen Brigid. Sie kann dir mit ihrem Holunder-Feenzauberstab bestimmt einen eleganten Hochzeitsanzug aus den Federn zaubern." Als die beiden bei Brigid auftauchten und von Hugos Idee erzählten, klatschte die Frühlingsfee in die Hände und hob ihren Feenstab. „Stell dich gerade hin, Thore und rühre dich nicht, damit der Anzug nicht verrutscht."

„Aus Federn der Amsel
schwarz und fein
soll dein Hochzeitsanzug sein."

Hugo riss erstaunt die Augen auf. „Donnerlittchen, Thore, du siehst elegant aus, wie ein Feenprinz." Thore drehte sich langsam im Kreis. „Sehe ich vorne und hinten aus wie ein Prinz?" „Du siehst so prinzenhaft aus, dass ich bei der Hochzeit unbedingt neben dir stehen möchte", erwiderte Hugo im Brustton der Überzeugung.
Brigid beugte sich zu dem kleinen Elf hinunter. „Zufrieden, Thore?" „Danke, Brigid", wisperte Thore. „Hochzufrieden."
Und so kam es, dass am Tag der Sommersonnenwende eine zauberhafte Elfenhochzeit gefeiert wurde. Der Hügel, den Hubsi für das Brautpaar gebaut hatte, war mit einem Rosenbogen geschmückt. Hugo war Thores Trauzeuge. In seinem schwarzen Federanzug sah er sehr feierlich und würdig aus. Ella und Milli, die beiden Brautjungfern, sahen in ihren Kleidern aus rosa Rosenblüten wie herzallerliebste Mäusebonbons aus. Milli hatte darauf bestanden, ihre Cowboystiefel und den Cowboyhut zu tragen. „Schließlich bin ich

Zirkusreiterin und ein Cowgirl, vergesst das bitte nicht", stampfte sie eigensinnig mit ihrem kleinen Mäusefuß auf, als Ella ihr rosa Schuhe zum Kleid vorschlug. Bob und Rob Grille fiedelten einen stimmungsvollen Marsch, als Miranda auf ihren Bräutigam zuging. „Ist sie nicht die schönste Elfe, die es je gegeben hat?", flüsterte Thore Hugo zu. „Du bist ein Glückspilz, Thore." Brigid sprach den Hochzeitssegen. Als es Zeit war, einander die Ringe anzustecken, trippelte Ida Igel nach vorne. In den Stacheln auf ihrem Rücken steckte ein Kissen, auf dem die Ringe aus Elfengold lagen. Stolz blieb sie vor Miranda und Thore stehen, holte tief Luft und seufzte: „Bitte sehr, eure Ringe." Toni Spatz, der auf Brigids Schulter saß, damit er einen guten Überblick hatte, flötete: „Ich will auch eine Braut. Die Sache mit dem Heiraten gefällt mir." „Sei doch still, du Unfugspatz", zischte Hugo, während die gesamte Hochzeitsgesellschaft fröhlich lachte. Brigid strich Toni sanft über sein zerzaustes Spatzenköpfchen. „Im nächsten Frühling wirst du deine Spatzenbraut finden", lächelte sie. „Spatzenfein", jubelte Toni. „Aber, das heißt ja, noch ewig warten", fügte er aufgebracht hinzu. „Geduld, mein kleiner Spatz", sagte Brigid. „Das musst du noch lernen." In der letzten Reihe saß Drago, der kleine tollpatschige Drache. „Hoffentlich vermassle ich das Feuerwerk nicht", ächzte er.

Es wurde ein ausgelassenes Fest, bei dem geschmaust, gefeiert und getanzt wurde, dass der ganze Feengarten erbebte. Bob und Rob Grille fiedelten, dass die Geigen rauchten. Hubsi ließ sich die ganze Hochzeit noch einmal erzählen, denn trotz seiner dicken Brille hatte er vieles nur verschwommen gesehen. Als Miranda und Thore den Hochzeitswalzer tanzten, schwebten die Nebelfrauen

mit ihnen gemeinsam im Takt. Um Schlag Mitternacht ratterte und knatterte ein Gespann in den Feengarten, das von großen, wuscheligen Katzen gezogen wurde. Aus dem Gespann entstieg eine wunderschöne Fee mit flachsblonden Haaren, die bis zur Erde reichten. Am Saum ihres tiefroten Kleides war eine

Girlande aus Margeriten und Kornblumen befestigt. Auf dem Kopf trug sie einen Kranz aus Getreideähren und Mohnblumen. „Freya, liebe Schwester“, jubelte Brigid und sprang auf, um die rote Fee zu umarmen. „Wie schön, dass du pünktlich zur Sommersonnenwende eingetroffen bist. Nun können wir noch gemeinsam das Feuerwerk zur Elfenhochzeit genießen.“

Drago, der kleine Drache, war während der gesamten Feier auffallend still gewesen. So sehr er auch Feuerspucken geübt hatte, so wenig war er überzeugt davon, alles richtig hinzubekommen. Auf seiner grünen Drachenstirn standen Schweißperlen und sein Drachenherz pumperte und stolperte, dass ihm die Ohren dröhnten. Er malte sich alles aus, was schiefgehen konnte.

Die anderen Drachenkinder haben immer gesagt, dass ich ungeschickt bin.

Was, wenn ich beim Feuerspucken die Raketen verfehle und einen Tisch treffe?

Was, wenn ich meine Freunde und Brigid enttäusche?

Was, wenn alle über mich lachen?

Brigid lächelte dem kleinen Drachen aufmunternd zu. „Du bist dran, Drago, entzünde die Raketen, damit das Feuerwerk beginnen kann.“ Und so leise, dass nur Drago es hören konnte, flüsterte sie: „Keine Angst, kleiner Drache, das schaffst du.“

Die Hochzeitsgesellschaft hatte sich im Halbkreis hinter Drago aufgestellt. Der Mond blinzelte neugierig vom Himmel. Die Bäume ringelten ihre Blätter ein, falls Drago doch danebentraf.

Der kleine Drache holte tief Luft, blähte seine schuppigen Drachenbacken auf und kniff die Augen zusammen. Fauch, whoosch, schoss der prächtigste

Feuerstrahl, den Drago je gespuckt hatte, aus seinem tiefen Drachenmaul und traf genau ins Ziel. Mit Zischen und Krachen stiegen die Raketen in den mitternachtsblauen Himmel. Sie sprühten und funkelten, sodass selbst die Sterne am Himmel vor Neid erblassten. Alle gratulierten Drago zu seiner

Treffsicherheit. Miranda drückte ihm einen hauchzarten Elfenkuss auf die schuppige Backe und Thore schüttelte ihm ausgiebig die Drachenklaue. Ella und Milli umarmten Drago und freuten sich mit ihm, so wie Freunde das eben tun. Nelly strich ihm mit ihrem weichen Eichhörnchenschwanz über die Wange und lobte ihn: „Niemand hätte das besser machen können als du." Hugo sagte nur: „Donnerlittchen, aus dir wird noch einmal der berühmteste Feuerspucker überhaupt." Toni flatterte um Dragos Kopf und piepste immer wieder: „Das musst du mir beibringen, Drago." „Gott bewahre", knurrte Ida. „Auf keinen Fall."

Das Fest ging noch munter weiter. Brigid und Freya hatten sich viel zu erzählen. Brigid hatte ihrer Schwester den Feenzauberstab überreicht, damit Freya den Garten in den Sommermonaten beschützen konnte. Sie versprach, im nächsten Frühling wiederzukommen und machte sich am Morgen auf, um den Frühling dorthin zu bringen, wo er gebraucht wurde.

Wie aber ein Findelkind alle in helle Aufregung versetzte und Ella Regenzauber lernte, das ist eine andere Geschichte.

Ein Findelkind und Regenzauber

Der Sommer hüllte den Feengarten in leuchtende Wärme und berauschenden Blütenduft. Bei Tonis Nachbarn herrschte große Aufregung. Die Meisenkinder stritten, piepsten und flöteten, dass das Nest wackelte.

Verschlafen streckte Toni sein zerzaustes Spatzenköpfchen über den Rand seines Nestes und meuterte: „Was ist denn das für ein Lärm in aller Herrgottsfrüh. Ich bin sauer, spatzenmäßig sauer, weil ihr mich mit eurem Gekreische geweckt habt."

Die Meisenmutter schlug verzweifelt mit den Flügeln. „Ich weiß mir keinen Rat mehr, Toni. Die Kleinen streiten den ganzen lieben langen Tag und ärgern Bruno." Neugierig geworden flog Toni auf den Ast, an dem das Nest von Familie Meise befestigt war. „Welches deiner Kinder ist Bruno, Frau Meise?" Missbilligend schüttelte die Meisenmutter das Köpfchen. „Ich muss doch sehr bitten, Toni. Ich habe dir doch meine Kinder schon vor einiger Zeit vorgestellt.

Sag bloß, du hast dir ihre Namen nicht gemerkt?" Toni überlegte und betrachtete die Meisenkinder ausgiebig. „Frau Meise, es liegt an meiner Zerstreutheit, dass ich mir die Namen nicht gemerkt habe. Ich hoffe, Sie können mir verzeihen und stellen mir Ihre Kinder noch einmal vor." Ella, die mit Milli und Ida unter dem Baum saß, in dem Familie Meise wohnte, schüttelte den Kopf. „Dieser Spatz ist unverbesserlich", flüsterte sie ihren Freundinnen zu. Währenddessen deutete Frau Meise der Reihe nach auf ihre Kinder und nannte Toni deren Namen. „Das ist Siegi, der neben ihm sitzt, ist Fritz, und dort, ganz hinten, sitzt Rosi, mein jüngstes Kind." In der Mitte des Nestes saß ein großes Vogelkind, das ganz anders aussah als seine Geschwister. Frau Meise deutete auf das riesige Vogelkind und runzelte besorgt die Stirn. „Das, Toni, ist Bruno. Seinetwegen gibt es ständig Streit. Seine Geschwister wollen nicht mit ihm spielen, weil er viel größer ist als sie und viel mehr Platz braucht. Bald werden wir die Wohnung vergrößern müssen. Er frisst auch viel mehr als die anderen Meisenkinder. Ich weiß nicht, wie lange ich noch so viel Futter beschaffen kann." Ella und Milli spitzten die Mäuseohren. Ida brummte: „Bruno sieht tatsächlich nicht aus wie ein Meisenkind." „Oh, my dear, da hast du mäuseverflixt recht", kicherte Milli. „Vielleicht ist Bruno kein Meisenkind." „Milli, du bist ein Genie", piepste Ella. „Bruno sieht wie ein kleiner Kuckuck aus. Wenn Frau Kuckuck ein Ei in das Meisennest gelegt hat, dann ist Bruno ein Findelkind." Frau Meise war ganz blass geworden. „Ein Findelkind, kein Meisenkind?", krächzte sie. „Was mache ich denn jetzt, Ella?" „Kein Grund zur Aufregung", knarrte der Apfelbaum. „Das macht Frau Kuckuck jedes Jahr so."

„Denkt daran, Meisenkinder. Bruno ist größer und stärker als ihr. Er kann euch also wunderbar beschützen, wenn euch jemand ärgert."
Die Meisenkinder waren nachdenklich geworden. „Au fein, Bruno", piepsten sie. „Da wärst du ja ein toller großer Bruder, der immer auf uns aufpasst." „Bei euch piept's wohl", schmollte Bruno. „Zuerst ärgert ihr mich und jetzt soll ich auf euch Racker aufpassen." Ella lachte fröhlich.
„Welches deiner Kinder hast du denn am liebsten, Frau Meise?", fragte sie die Meisenmutter. „Na, ich habe doch alle gleich lieb", war Frau Meise empört. „Rosi ist doch so niedlich. Fritz ist der Schlauste. Siegi hat die schönste Stimme." „Und Bruno?", fragte Ella. „Bruno ist so gutmütig und hilfsbereit. Er nimmt es seinen Geschwistern nie krumm, wenn sie ihn ärgern." „Nein", plusterte die Meisenmutter sich auf. „Ich möchte keines meiner Kinder missen. Findelkind hin oder her. Sie sind alle meine Kinder, weil ich sie so lieb habe." Streng sah sie die Vogelkinder an. „Ab jetzt wird nicht mehr gestritten. Ihr wohnt in einem Nest und solltet euch vertragen." „Ja, Mama", flöteten die vier Vogelkinder. „Spatzenfein", piepste Toni. „Das wäre dann geklärt. Dann kann ich ja jetzt nach Hause fliegen und weiterschlafen."
Ida lächelte Ella an. „Das hast du igelig gut gemacht, Ella. Jetzt kehrt hoffentlich Ruhe im Meisennest ein."

Die hellen Junitage vergingen und der Sommer erfüllte den Feengarten mit glutheißer Hitze. Die Blumenelfen hatten alle Hände voll damit zu tun, den Blumen Wasser aus dem Brunnen im Feengarten zu bringen, damit sie nicht verdursteten. Ida verkroch sich im Laub im Schatten der Linde und Hubsi weigerte sich, aus seiner kühlen Maulwurfswohnung unter der Erde hervorzukommen. Ella, Milli und Nelly beschlossen, Ben Biber zu besuchen und im Bach ein Bad zu nehmen.

„Kommt ihr auch mit, Hugo?", rief Ella, als sie an Hugos Nest vorbeikamen. „Donnerlittchen", flötete Hugo. „Ein Badeausflug ist genau das, was wir bei dieser Hitze brauchen." „Ja, Ella", zwitscherte Toni. „Das ist eine spatzenschlaue Idee. Ihr badet im Wasser und ich nehme ein Sandbad am Bachufer." Ella hatte ihren rosa Badeanzug mit den weißen Punkten eingepackt. Ächzend und schnaufend trippelte sie mit Milli und Nelly den Weinberg hinauf. Kein Lüftchen regte sich und die Wiesenblumen ließen erschöpft die Köpfchen hängen.

„Ella", wisperte der Klee, „kannst du nicht Freya bitten, Regen zu machen? Wir verdursten bald." Ella riss erstaunt die Augen auf. „Wie soll die Sommerfee denn Regen machen?"

„Freya kennt den Regenzauber", murmelte die Schafgarbe. „Ohne ihre Hilfe vertrocknen alle Blumen und Kräuter."

Nachdenklich runzelte Ella die Stirn. „Die Schafgarbe hat recht. Es hat schon

ewig nicht geregnet. Wir müssen sofort mit Freya sprechen, wenn wir wieder zu Hause sind." Hastig wanderten die drei Freundinnen weiter zu Ben Bibers Burg am Bach. Als sie ankamen, lag Ben bis zum Hals im Wasser. „Puh, es ist so heiß. Ich komme nicht aus dem Wasser heraus", stöhnte er. Milli deutete aufgeregt auf den Bach. „Seht doch, wie mäuseverflixt wenig Wasser im Bach ist." Hugo und Toni landeten am Ufer. Vorsichtig tauchte Hugo ein Amselbein ins Wasser. „Das Wasser ist auch viel zu warm", krächzte er. „Wir müssen etwas unternehmen." Toni nahm bereits ein Sandbad am Bachufer. Sein Federkleid war über und über voll mit Sand. Mit einem frechen Grinsen stellte er sich vor seine Freunde, flatterte mit den Flügeln und schüttelte sich ausgiebig. „Toni", kreischten Ella und Milli. „Lass den Unfug! Jetzt haben wir

Sand im Fell." Milli hob die Arme und schüttelte sich. „Er kann den Unfug einfach nicht lassen."

Toni konnte nicht aufhören zu lachen. Er hüpfte im Kreis, warf sich auf den Rücken, rollte sich auf den Bauch und flatterte mit den Flügeln. „Wenn ihr jetzt ins Wasser hüpft, habt ihr eine Sandschlammpackung. Das ist gut für die Schönheit." „Dieser Spatzenlümmel sollte besser kein Eichhörnchen ärgern", schimpfte Nelly. Bevor Toni wegflattern konnte, hatte Nelly ihn auch schon in den Bach geschubst. Er schnappte nach Luft und plusterte sich empört auf.

„Nelly, das war spatzenfies. Ich mag doch kein Wasser." „Ich dachte, eine Sandschlammpackung könnte dir auch gut tun", lachte Nelly. Milli bog sich vor Lachen. „Das war grandios, my dear." Mit einem beherzten Mäusesprung hüpfte sie ins Wasser. „Kommt rein", rief sie Ella und Nelly zu. „Schwimmen macht Spaß." Nelly nahm Anlauf und stürzte mit lautem Gekreische wie eine Bombe ins Wasser. „Komm rein, Ella", ermunterte sie die kleine Maus, die immer noch am Bachufer stand. Ella schüttelte traurig das zerzauste Köpfchen. „Ich trau mich nicht", flüsterte sie. „Ich kann doch nicht schwimmen." Ein Frosch, der unter den Zweigen der Weide tümpelte, zersprang fast vor Lachen und quakte: „Du kannst nicht schwimmen, Mäuschen? Was für ein Unsinn. Jeder kann doch schwimmen." Eine Entenmutter kam vorbeigeschwommen. Die Entenkinder schwammen wie eine gelbe Wolke hinter ihr drein und kicherten. „Sieh mal, Ella Maus. Wir sind noch ganz klein, aber wir schwimmen schon vorzüglich." Die Entenmutter streckte den Schnabel in die Luft. „Tss, tss, Ella, höchste Zeit, dass du schwimmen lernst. Los, eilt euch, Kinderchen. Ihr habt heute Tauchunterricht bei Lehrer Entmeier." Ben tauchte aus dem Wasser auf. „Eingebildetes Entenvolk", meuterte er. „Nichts als Geplapper und Hochmut im Kopf." Energisch schwamm er ans Ufer und sah Ella mit gerunzelter Stirn an. „Sie hat allerdings recht, Ella. Es ist höchste Zeit, dass du schwimmen lernst." Nelly und Milli hatten der Entenschar mit offenem Mund nachgeschaut. „So möchte ich auch schwimmen können," seufzte Milli. Toni flatterte ans Ufer und schmollte: „Ein Sandbad ist mir lieber."

„Was nun, Ella", brummte Ben. „Soll ich dir beibringen, wie man schwimmt?" Ella lächelte Ben strahlend an. „Ja, bitte, Ben." „Und ich passe am Ufer auf, damit ich dich rausziehen kann, falls du untergehst", versicherte Hugo.
Ben war ein geduldiger Lehrer. Ella gab sich große Mühe. Am Ende des Nachmittags schwamm Ella von einem Bachufer an das andere, war mäusemüde und hatte den Bauch voll Wasser, das sie versehentlich geschluckt hatte.
Auf dem Heimweg legten sie bei der alten Eiche eine Pause ein. „Vergesst nicht, Freya um Regen zu bitten", ermahnte die Eiche Nelly und die Mäusemädchen. „Wir Bäume haben noch keine Not, weil unsere Wurzeln tief

in die Erde reichen, dorthin, wo es noch Wasser gibt." Die Blumen schliefen schon, als sie an ihnen vorbeiwanderten. Nur ein Kleeblümchen streckte gähnend das Köpfchen aus der Wiese. „Vergesst nicht, uns Regen zu schicken", raunte es und winkte Ella, Milli und Nelly eifrig nach. „Wo wart ihr denn so lange?", rauschte die Linde, als sie im Feengarten eintrafen. „Wir haben uns Sorgen gemacht, weil es schon dunkel geworden ist", knarrte der alte Apfelbaum. „Wir erzählen euch morgen alle Neuigkeiten", beschwichtigte Ella ihre Baumfreunde. „Jetzt müssen wir rasch zu Freya.“

Sie hatte kaum ausgesprochen, als Freya auch schon vor ihnen stand. „Was ist los, Ella?“, fragte sie besorgt. Aufgeregt begannen Ella, Milli und Nelly durcheinanderzureden. Wenn sie eine Pause machten, um Luft zu holen, zwitscherten Hugo und Toni. Freya hob die Hand. „Stopp“, unterbrach sie den Redeschwall. „Ich verstehe kein Wort. Erzähl du zuerst, Ella.“ Ella erzählte von der Bitte der Blumen um Regen. Sie berichtete, wie wenig Wasser im Bach floss und auch, was die Eiche gesagt hatte.

Besorgt runzelte die Sommerfee die Stirn. „Ich wusste nicht, dass die Lage schon so ernst ist", seufzte sie. „Da bleibt nichts anderes mehr übrig, als den Regen mit Regenzauber zu rufen." „Du kannst Regen herbeizaubern?", fragte Ella ehrfürchtig. „Wie mäusecool ist das denn!" „Ja, meine Großmutter hat es mir beigebracht", erwiderte Freya. „Aber ich brauche eure Hilfe. Morgen bei Sonnenaufgang machen wir uns an die Arbeit. Jetzt aber husch, husch in eure Bettchen, damit ihr ausgeschlafen seid." Alsbald kuschelte Nelly sich in ihr Astloch im alten Apfelbaum und erzählte ihm von den aufregenden Ereignissen des Tages. Ella und Milli tuschelten noch bis spät in die Nacht hinein, bis ihnen endlich die Augen zufielen. Ella träumte von Regentropfen, die sanft auf die Kleeblümchen fielen.

Beim ersten Sonnenstrahl, der die Dämmerung durchbrach, standen Ella, Milli und Nelly mit Freya in der Mitte des Feengartens. Hugo und Toni trällerten ihr Gutenmorgenlied und warteten gespannt darauf, was geschehen würde. „Passt ganz genau auf und hört auf das, was ich euch sage", ermahnte Freya die Freunde. „Es ist wichtig, dass ihr alles genau so macht, wie ich es euch sage, damit der Regenzauber wirkt." Ella, Milli und Nelly wagten kaum zu atmen und sahen die Sommerfee gespannt an. Freya deutete auf den Zauberstab in ihrer Hand. „Das ist ein Zauberstab aus dem Holz der Esche. Damit hat schon meine Großmutter den Regen gerufen. Wenn ich den Zauberspruch, mit dem ich den Regen rufe, gesprochen habe, müsst ihr ihn gemeinsam, Wort für Wort, drei Mal wiederholen." Ellas Herz schlug wie verrückt. Millis kleine Mäuseohren zitterten vor Aufregung und Nelly klopfte mit ihrem buschigen

Eichhörnchenschweif wie eine Trommel auf den Boden. „Sollen wir den Zauberspruch auch mitsprechen?“, piepste Hugo leise. „Nein, Hugo, du und Toni seid am besten mucksmäuschenstill. Die magische Zahl für jeden Zauber ist drei. Ella, Milli und Nelly, also drei, sprechen den Spruch, den ich ihnen vorspreche, drei Mal, damit der Regenzauber funktioniert.“ „Alles klar“, murmelte Hugo erleichtert, denn er war nicht sicher, ob er sich den Zauberspruch merken konnte.
Freya hob die Arme und streckte den Zauberstab in die Höhe. „Seid ihr bereit?“ Ella, Milli und Nelly nickten heftig. Freya murmelte leise: „Großmutter, steh mir bei.“

„Eins, zwei, drei,
Regen rufe ich herbei.
Regentropfen zart und fein,
soll'n den Blumen Nahrung sein.
Regen trommle sanft aufs Dach,
fülle Quellen, Seen und Bach.
Mache Wald und Wiese grün,
dann erst sollst du weiterziehn.“

Freya nickte Ella, Milli und Nelly auffordernd zu. Die drei hatten gut aufgepasst und wiederholten den Zauberspruch drei Mal. Freya klatschte in die Hände und strahlte: „Bravo, ihr seid wunderbare Zauberlehrlinge. Jetzt wird es bald regnen.“ Schon erhob sich der Wind und fuhr den Bäumen durch die Blätter.

Donner grollte leise und dunkle Wolken begannen sich am Himmel zu ballen. Nach wenigen Minuten fielen die ersten Regentropfen. Nelly, Ella und Milli fassten sich an den Händen und tanzten ausgelassen im Kreis.

„Hipp, hipp, hurra, der Regen ist da“,

sangen sie ausgelassen. Hugo schüttelte den Kopf. „Donnerlittchen, ich glaube, der Zauberspruch ist ihnen zu Kopf gestiegen. Sie sind verrückt geworden.“ Toni duckte sich tief in sein Nest und hielt sich die Flügel wie einen Schirm über sein Spatzenköpfchen. „Igitt, ich kann es nicht leiden, wenn es auf mein Köpfchen regnet“, murrte er.

Es regnete drei Tage lang. Sanft fielen die Regentropfen auf den Feengarten, auf Wiese und Wald. Sie füllten den Bach, bis er wieder fröhlich sein Bachlied gluckerte. Sie fielen auf die zarten Köpfchen der Kleeblumen, die sich voller Freude über den Regen dehnten und streckten. Sie wuschen die Blätter der Bäume und die Dachschindeln von Freyas Haus glänzend rein. Ella lud ihre Freunde zu einer Regen-Teegesellschaft ein, bei der auch Hubsi und Ida die Geschichte vom Regenzauber hörten.

Warum bald darauf ein Mäusedetektiv gerufen wurde und welche Überraschungen der Sommer noch bereithielt, das ist eine andere Geschichte.

Der Räuber

Nachdem der Regen das Land in sattes Grün getaucht hatte, gab es noch viele Ausflüge zu Ben Biber. Ella lernte so gut schwimmen, dass Ben ihr sogar zeigte, wie man taucht. Am Bachufer gab es nicht nur Moos, sondern auch sonnige Stellen, wo Nelly, Milli und Ella ausgiebig ruhten, kicherten und sich Geschichten erzählten, wenn sie nicht im Bach schwammen. Hin und wieder kam die Entenmutter mit ihrer Kinderschar vorbei. „Du schwimmst schon beinahe so gut wie meine Kinderchen", lobte sie Ella und der Frosch unter den Weiden quakte: „Ich sag's doch, jeder kann schwimmen."

Eines Tages war Millis Sonnencreme in der Glitzertube verschwunden, als sie aus dem Bach kamen, um sich am Uferplatz auszuruhen. „Nanu“, wunderte sich Milli. „Ich habe die Sonnencreme doch in meine Badetasche gepackt. Ich kann sie nirgends finden.“ Ella beruhigte Milli. „Vielleicht hast du sie versehentlich zu Hause liegen gelassen. Wir finden sie bestimmt.“ Als sie wieder zu Hause waren, suchte Milli die Sonnencreme im ganzen Mäusehäuschen, aber sie war und blieb verschwunden. Tags darauf fehlte Ellas Haarmasche und tauchte nicht wieder auf, obwohl Milli und Ella den ganzen Feengarten danach absuchten. „Merkwürdig“, überlegte Ella, „ich bin mir sicher, dass die Masche auf dem Tisch lag.“ „Donnerlittchen“, zwitscherte Hugo, „ihr müsst besser auf eure Sachen aufpassen. Ich verliere nie etwas, weil ich eben sehr ordentlich bin.“ Aber Hugo sollte sich irren. Zwei Tage später vermisste er die Glasperle, die immer als Glücksbringer in seinem Nest lag, und Toni konnte seine gelbe Mütze nicht finden. Ella lud die Freunde zu einer Teegesellschaft ein, bei der sie diese seltsamen Vorfälle besprechen wollten. Aus dem letzten Gläschen Fruchtmus in ihrer Vorratskammer buk sie ihre berühmten Fruchtmuskekse. Nelly brachte Kräuterlimonade aus Lindenblüten und Honignektar mit. „Nun“, meinte Ella, nachdem alle eingetroffen waren. „Heute gibt es Wichtiges zu besprechen.“ „Ja“, meinte Toni, „wir müssen spatzenschlau sein, um herauszufinden, was da los ist.“ „Donnerlittchen“, mischte sich Hugo ein. „Das ist ein überaus schwieriger Fall. Wir müssen sehr genau sein, damit wir keinen Hinweis übersehen.“ „Ich will meine Glitzersonnencreme wieder“, heulte Milli. „Ja, und ich meine Masche“, schniefte Ella.

„Sie war ein Geschenk von Großmutter Maus." Eifrig wurde aufgezählt, was jedem fehlte. So sehr sich alle bemühten, eine Lösung zu finden, konnte keiner der Freunde sagen, wohin die fehlenden Sachen verschwunden waren. Seufzend blickte Nelly schließlich in die Runde. „Es sieht ganz danach aus, als ob im Feengarten ein Räuber am Werk wäre." Nachdenklich wiegte Hubsi den Kopf hin und her. „Verflixt und zugenäht. So kommen wir nicht weiter. Für diesen schwierigen Fall muss ein Mäusedetektiv her." So wurde beschlossen,

Cedric Maus, den schlauen Mäusedetektiv, um Hilfe zu bitten. Archibald Storch überbrachte Cedric die Botschaft und der Mäusedetektiv erklärte sich dazu bereit, den Fall zu übernehmen. Tags darauf traf Cedric im Feengarten ein und die Freunde erzählten ihm aufgeregt, was alles verschwunden war. Cedrics Mäuseschnurrbart zitterte vor Empörung. „Die Sache ist mäuseklar. Hier ist ein Räuber am Werk." „Oh, nein, das haben wir befürchtet", seufzte Ella. „Wie kommen wir ihm auf die Spur?" „Ich hatte schon schwierigere Fälle", plusterte Cedric sich auf. „Das hier wird bestimmt mäuseleicht." „Vielleicht

kann ich helfen?", warf Ella zaghaft ein. Cedric sah sie streng an. „Ich muss doch sehr bitten. Wie, bitteschön, soll ein Mäusemädchen hier helfen können? Das ist eindeutig ein Fall für einen Fachmann wie mich. Ein Fall für einen Mäusedetektiv eben." Milli und Nelly verdrehten die Augen. „Diese dreikäsehohe Maus ist so eingebildet. Bist du sicher, dass wir den Richtigen geholt haben?", flüsterten sie Ella zu. Ida schüttelte den Kopf und sagte nur: „Hmpf!!" Hugo richtete sich zu seiner vollen Amselgröße auf und rief: „Na hör mal, Cedric Maus! Ella ist sehr schlau. Sie ist sogar noch schlauer als ich, und das soll etwas heißen. Du solltest froh sein, wenn Ella dir hilft." „Und sie macht auch nie Unfug", zwitscherte Toni. „Außerdem kennt sie jeden Winkel im Feengarten, Mäusedetektiv", knurrte Hubsi. „Und sie ist unsere Freundin", polterte Milli mit hoher Mäusepiepsestimme. Cedric runzelte die Stirn. „Na schön", knurrte er. „Sie kann Hilfsarbeiten übernehmen, solange sie mir nicht im Weg steht." Ella, die, wie gesagt, das freundlichste und hilfsbereiteste Mäusemädchen war, das man sich nur vorstellen konnte, sagte: „Oh, wie schön. Ich helfe gerne." Cedric und Ella machten sich sofort ans Werk, um dem Räuber rasch das Handwerk legen zu können. Gemeinsam besuchten sie jeden Tatort. Cedric bestand sogar darauf, den Baum, in dem Hugos und Tonis Nest war, hochzuklettern. „Sehr gemütlich ist es hier", sagte er anerkennend, als er sich in Ellas Stübchen umsah. „Ja, nicht wahr", strahlte Ella. „Du bist herzlichst zur nächsten Teegesellschaft hier eingeladen." „Zuerst die Arbeit, dann der Tee", brummte Cedric. „Und die Fruchtmuskekse", warf Ella ein. „Vergiss die Fruchtmuskekse nicht."

Sie suchten im ganzen Feengarten nach Spuren, bis Ella Cedric schließlich auf Fußabdrücke im weichen Boden vor ihrer Mäusewohnung aufmerksam machte. „Sieh dir doch diesen Abdruck hier an, Cedric", meinte sie. „Das sieht doch wie der Abdruck eines Vogelfußes aus." Cedric beugte sich über die Spur und begutachtete sie von allen Seiten. Anerkennend sah er Ella an. „Ella, du bist wirklich schlau. Ganz so, wie Hugo es gesagt hat. Du hast Talent zum

Mäusedetektiv, das muss ich sagen. Es sieht tatsächlich nach der Fußspur eines Vogels aus. Aber welcher Vogel könnte das sein?" „Hugo kann uns sicher helfen", fiepte Ella. „Er kennt alle Vogelspuren. Wir sollten ihn fragen." Hugo, der alles von seinem Nest aus beobachtet hatte, war sehr neugierig, was Cedric und Ella entdeckt hatten. „Was gibt es Neues, Ella?", krächzte er so laut, dass der ganze Feengarten ihn hören konnte. „Wisst ihr schon, wer der verflixte Räuber ist?" Ella schüttelte den Kopf. „Noch wissen wir es nicht, Hugo, aber wenn du uns hilfst, lösen wir den Fall sicher bald." So schnell er mit seinen Flügeln nur flattern konnte, flog Hugo zu Ella und Cedric. Cedric deutete auf die Spuren am Boden. „Hugo, weißt du, zu welchem Vogel diese Spuren gehören?" Hugo kniff die Augen angestrengt zusammen. „Zu groß für eine Meise, zu klein für einen Adler, zu breit für ein Rotkehlchen, zu schmal für einen Raben. Donnerlittchen, wenn ich es recht überlege, sieht das aus wie der Fußabdruck von Frau Elster." „Hugo, wieso weißt du das bloß alles?", staunte Ella. Hugo klopfte mit einem Flügel auf seine Brust. „Na, weil ich so schlau bin natürlich, Ella." „Hm", murmelte Cedric. „Die Elster könnte der Räuber gewesen sein, weil fast nur glitzernde Dinge fehlen. Wie allgemein bekannt ist, lieben Elstern alles, was glitzert und funkelt." Kurz darauf standen Cedric und Ella auch schon vor dem Nest von Frau Elster, das sie hoch oben im Birnbaum gebaut hatte. „Frau Elster, sind Sie zu Hause?", rief Cedric energisch. Missmutig streckte die Elster den Kopf aus dem Nest. „Was wollt ihr beiden Mäuse hier?", krächzte sie unhöflich. Cedric ließ sich nicht einschüchtern. „Wir suchen einen Räuber und würden gerne einen Blick in Ihr Nest werfen,

Verehrteste.“ Zornig funkelte die Elster den Mäusedetektiv an. „Auf keinen Fall schaut ihr ohne Erlaubnis Freyas in mein Nest.“ Cedric ließ nicht locker. „Ella, kannst du Freya bitten, hierher zu kommen? Ich bleibe inzwischen bei Frau Elster.“ „Mäuseklar, Cedric“, fiepte Ella munter und huschte schon den hohen Birnbaum hinunter, um Freya zu holen. Unter dem Baum hatten sich Ida, Hubsi, Bob und Rob Grille und Rudi Hirsch versammelt. In den Ästen über dem Nest der Elster saßen Hugo und Toni und versuchten, einen Blick in das Nest von Frau Elster zu werfen. Zornig hüpfte die Elster auf ihrem Ast auf und ab. „Weg mit euch Gesindel!“, schimpfte sie aufgebracht. „Im Birnbaum will ich meine Ruhe haben.“ Freya eilte herbei. Ella saß auf ihrer Schulter und flüsterte ihr die ganze Geschichte von der Spurensuche ins Ohr. „Na sowas, ein Räuber im Feengarten. Das ist ja ungeheuerlich und kann auf keinen Fall geduldet werden“, war Freya empört. Kaum war sie am Baum angekommen, rief sie streng nach oben: „Elster, du lässt Cedric Maus sofort einen Blick in dein Nest

werfen. Du hast doch nicht etwa etwas zu verbergen?" Schimpfend und flügelschlagend machte die Elster Platz für Cedric. „Seht mal, was ich da habe", zischte Cedric zufrieden. „Eine glitzernde Tube mit Sonnencreme, eine Glasperle, eine Haarmasche und eine gelbe Mütze. Was sagen Sie dazu, Frau Elster?" „Äh, hmpf, ich meine", stotterte die Elster, um dann frech zu sagen: „Die Sachen lagen einfach so herum. Ich dachte, dass sie niemandem gehören." „Das ist zu viel des Guten", erwiderte Freya. „Du nimmst Sachen, die dir nicht gehören und entschuldigst dich nicht einmal dann dafür, wenn du erwischt worden bist. Ich verbanne dich aus dem Feengarten!" Die Elster spuckte Gift und Galle, schlug wütend mit den Flügeln um sich und flog schließlich aufgebracht davon. „Ich wollte sowieso umziehen", kreischte sie. „Donnerlittchen, was für ein böser Vogel", trällerte Hugo. „Was für ein spatzenfieser Vogel", piepste Toni. „Ist schon alles vorbei?", gähnte Rudi. „Ja, vorbei ist's mit der Niedertracht", brummte Nelly. „Du kannst weiterschlafen, Rudi." Ella drückte ihre Haarmasche fest an sich. „Danke, Cedric, dass du die verschwundenen Sachen gefunden hast." „Es war mir eine Ehre, Ella Maus", erwiderte Cedric feierlich. „Du warst mir eine große Hilfe, Ella. Vielleicht möchtest du öfter mit mir zusammenarbeiten. Was meinst du, Ella?" Ella strahlte den Mäusedetektiv an. „Das wäre mäusecool, Cedric."

„Das habt ihr beiden nicht nur gut gemacht, sondern bestens gemacht", lobte Freya Cedric und Ella. „Jetzt sollte wieder Ruhe im Feengarten einkehren." Es kamen wundervolle Sommerwochen, in denen Friede, Freude, Eierkuchen im Feengarten herrschte.

Ella lud ihre Freunde zu einer Sommer-Teegesellschaft ein. Als es dunkel geworden war, saßen sie alle zusammen auf einem kleinen Hügel im Feengarten. Der Mond blinzelte ihnen freundlich zu und die Sterne funkelten im nachtblauen Himmel um die Wette. „Um diese Zeit sieht man besonders viele Sternschnuppen“, flüsterte Ella ihren Freunden zu. „Wenn man eine

Sternschnuppe sieht, darf man sich etwas wünschen! Aber", ermahnte sie die anderen, „ihr dürft niemandem verraten, was ihr euch gewünscht habt, sonst geht der Wunsch nicht in Erfüllung." „Ist das wirklich wahr?", hauchte Milli. „Mäuseehrenwort. Oma Maus hat mir das erzählt, also muss es wahr sein", zwinkerte Ella ihr zu.

Angestrengt sahen die Freunde in den sternenübersäten Himmel. „Da, schaut!", rief Ida, „Sternschnuppen." „Oh, wie schön", fiepte Ella. Fest kniff sie die Augen zusammen und dachte, ich wünsche mir noch so ein wunderschönes Jahr mit meinen Freunden im Feengarten. Milli hielt den Atem an. Ich wünsche mir, dass ein Zirkus hierherkommt und ich meinen Freunden zeigen kann, was für eine tolle Zirkusreiterin ich bin. Hugo runzelte die Stirn und wünschte sich von Herzen, dass sie alle zusammenbleiben würden. Nelly brauchte nicht lange nachzudenken. Sie wünschte sich viele duftende Heilkräuter für ihre Kräuterapotheke. Ida war wunschlos glücklich. Schöner konnte das Leben ihrer Meinung nach nicht werden. Hubsi wünschte sich eine Maulwurfsbrille, mit der er auch tatsächlich etwas sah. Und Toni? welche Überraschung! Toni wünschte sich eine herzallerliebste Spatzenbraut, weil ihm doch die Sache mit dem Heiraten so gut gefallen hatte.

Wieder zog der Herbst ins Land. Der Herbstwind seufzte in den Blättern. Rotbackige Äpfel und süße Birnen hingen an den Bäumen und warteten darauf, gepflückt zu werden. Die Trauben im Weinberg wurden reif und leuchteten tiefblau auf den Weinstöcken. Freya wurde unruhig. Jeden Tag hielt sie nach Huldra, der Winterfee, Ausschau. Die Zugvögel machten sich auf den Weg in den Süden. Auch Bruno, das Findelkind, flog mit und versprach den Meisenkindern, im Frühling wiederzukommen. Der raue Schrei der Gänse, die sich formierten, um in den Süden zu fliegen, hallte durch den Feengarten und die Schwalben versammelten sich zu einem letzten Plausch vor dem Abschied. Ella winkte ihnen zu und dachte bei sich, wie aus etwas so Traurigem wie der Überschwemmung ihrer Mäusestube im Buchenwald so viel Freude entstanden war. Ja, lachte sie leise, das Jahr mit meinen Freunden im Feengarten war einfach mäuseverflixt schön.

Durch das Jahr mit Ella Maus

Abenteuerliche Herbst- und Wintergeschichten

Renate Kauderer/Monika Stanke

1. Auflage November 2020
72 Seiten, Hardcover, gebunden,
Band 1

ISBN: 978-3-903163-14-0
Euro 13,90

Ella ist eine kleine Maus mit einem großen Herzen.
Als sie ihre gemütliche Wurzelstube im alten Buchenwald verlassen muss, beginnt ein Jahr voll aufregender Abenteuer.
Wie gut, dass Ella Freunde wie den schlauen Hugo Amsel, die mutige Ida Igel, Hubsi, den Maulwurf, und Nelly Eichhorn hat. Ach ja – und natürlich Toni Spatz, der stets nur Unfug im Kopf hat.
Gemeinsam kommen sie dem Rätsel eines Gespenstes auf die Spur, planen eine Schatzsuche und erhalten Hilfe von den Nebelfrauen, um die Winterriesen zu überlisten.
Vor allem jedoch finden sie ein wahrhaft zauberhaftes Zuhause im Garten der Feen und entdecken, wie wichtig Freunde füreinander sind.

Weihnachten mit Ella Maus

Renate Kauderer/Monika Stanke

1. Auflage November 2020
28 Seiten, Hardcover, gebunden

ISBN: 978-3-903163-16-4
Euro 10,90

Weihnachten steht vor der Tür, als ein kleiner Engel aus den Zweigen einer hohen Fichte direkt vor die Füße von Ella Maus purzelt.
Der liebenswerte Himmelsbote ist aus dem Schlitten des Chistkinds gefallen, weil er nicht fliegen kann.
Ella Maus und ihre Freunde nehmen den kleinen Engel im Feengarten auf und helfen ihm und dem Christkind bei den Weihnachtsvorbereitungen. Gemeinsam schaffen sie es, die Wünsche aus dem großen Sack mit Briefen an das Christkind zu erfüllen. Der Brief des kleinen Karli stellt sie vor eine fast unlösbare Aufgabe. Ob es die Freunde schaffen werden, Karli seinen größten Wunsch zu erfüllen? Und ob auch der Traum des kleinen Engels, das Fliegen zu erlernen, wahr werden wird?

Ella Maus

ist eine kleine Maus mit einem großen Herzen. Für ihre Freunde geht sie durch dick und dünn.

Milli Maus
ist Ellas Cousine aus Amerika und Zirkusreiterin. Meist trägt sie Cowboystiefel und einen Cowboyhut.

Toni Spatz
macht gerne Unfug und steckt deswegen oft in der Klemme.

Hugo Amsel
hat immer Recht, weiß immer Rat und ist furchtbar vernünftig. Sein Lieblingswort ist Donnerlittchen.

Freya
ist die Sommerfee, die den Regen herbeiruft.

Nelly Eichhorn
hilft gerne. Ihre Kräuterapotheke hat sie immer dabei.